ARISTOPHANE ET MOLIÈRE

JEAN BERTHEROY

ARISTOPHANE & MOLIÈRE

A PROPOS EN UN ACTE EN VERS

Représenté à la Comédie Française le 15 janvier 1897,
275ᵉ anniversaire de la naissance de Molière.

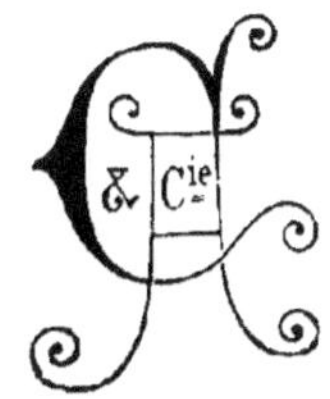

PARIS

ARMAND COLIN ET Cⁱᵉ, ÉDITEURS

5, RUE DE MÉZIÈRES, 5

1897

PERSONNAGES

<table>
<tr><td>ARISTOPHANE . . . .</td><td>MM. Silvain.</td></tr>
<tr><td>MOLIÈRE . . . .</td><td>Baillet.</td></tr>
<tr><td>L'HUMANITÉ . . . .</td><td>Mlle Moreno.</td></tr>
</table>

ARISTOPHANE ET MOLIÈRE

Un décor à la Puvis de Chavannes. Quelques arbres lisses et droits.
   Au fond, à droite, on aperçoit la grande cité. Le jour com-
   mence à décroître.

SCÈNE PREMIÈRE

MOLIÈRE

*(Il arrive lentement par la gauche et regarde dans la direction de
la grande cité.)*

M'y voici. Je retrouve en leurs plis de dentelle
Les tours de Notre-Dame et la Sainte-Chapelle,
Et plus bas, s'estompant sous un ciel vaporeux,
Les berges de la Seine où court le fleuve heureux.
—Mon Dieu! qu'on est craintif quand on vit chez les ombres!
J'hésitai bien longtemps à franchir les bords sombres;
Mais je n'y tenais plus! Je voulais à tout prix,
Ne fût-ce qu'un instant, revoir mon cher Paris.
                (Il regarde de nouveau dans la direction de la cité.)
Le cœur me bat un peu de me sentir tout proche.
Paris si bon enfant! Souvent je me reproche
D'avoir grossi tes maux de mon rire cruel.
Mais tu l'as oublié, ton cœur n'a point de fiel.

Aujourd'hui, si quelqu'un te parlait de Molière,
Tu dirais : « La paix soit à son heure dernière!
Laissons parmi les morts se reposer les morts! »
Et tu n'aurais souci de mes tardifs remords.
C'est donc en pèlerin, l'âme trouble et lassée,
Que je viens près de toi recueillir ma pensée,
Et, si des pleurs encor s'échappent de mes yeux,
Nul ne saura du moins....

(Il s'éloigne par le fond.)

SCÈNE II

ARISTOPHANE

(Il entre par la droite en s'esclaffant.)

                        Ah! de par tous les dieux!
Thalès avait bien dit que la terre était ronde;
Elle roule, entraînant la sagesse du monde.
Qui donc aurait pensé que depuis deux mille ans
Ce bon peuple d'Athène aiguise encor ses dents?
Ah! ah! bien m'en a pris de quitter l'Empyrée,
Pour venir faire un tour du côté du Pirée;
Là-haut on perd son temps à toujours soupirer,
Et la brise d'Attique est douce à respirer.

(Il fait quelques pas en regardant du côté de la cité.)

Oui vraiment c'est toujours la même comédie.
La ville cependant s'est beaucoup agrandie,
Les costumes n'ont plus leur ampleur d'autrefois
Et les cerveaux aussi m'ont paru plus étroits.
Mais ce sont seulement différences de forme :

Au fond le peuple encore attend son dieu sous l'orme
Et se paye de mots, comme au siècle lointain
Où le rustre Cléon présidait son destin.
Pauvre peuple! En a-t-il avalé de couleuvres!
A-t-il assez tenté de grandir par ses œuvres
Et de saisir enfin, d'un bras ensanglanté,
La Chimère aux flancs creux qu'on nomme liberté!
(Il s'assied sur un tronc d'arbre.

Peuple amoureux de joie et vivant de contrastes,
Il éclate de rire au nez des Héliastes,
Et consent volontiers à rester humble et gueux,
Pourvu que dans le Pnyx il parle plus fort qu'eux.
Hélas! qu'a-t-il gagné depuis les temps infâmes?
Je me suis cru tantôt à « l'Assemblée des femmes »;
Elles en sont encore à réclamer le droit
De prendre leur mari du bras gauche ou du droit;
Et j'ai vu près d'ici — que Ploutos me pardonne! —
Des enfants en haillons qui demandaient l'aumône!
Triste! Mais le vrai sage en est surpris fort peu;
Il montre au peuple las les flots clairs, le ciel bleu,
Le soleil dont chacun reçoit sa part égale,
La beauté dont le plus indigent se régale,
Et, pour le consoler d'être né miséreux,
Il étale au grand jour les vices des heureux,
Et le fait s'esclaffer sur les tyrans qu'il daube;
Car on vit de gaîté mieux que de viande en daube!
(On aperçoit Molière qui revient du même côté qu'Aristophane.

Quelqu'un! Mais à cette heure on est à l'Odéon!
Serait-ce un sycophante, ainsi que sous Cléon?

*

Le plus sûr est d'abord d'attendre et de me taire,
Car je n'ai plus le droit de rôder sur la terre.

(Il se cache derrière un massif d'arbres.)

SCÈNE III

MOLIÈRE, ARISTOPHANE, *caché.*

MOLIÈRE

(Il s'assoit sur le siège rustique qu'Aristophane vient de quitter.)

Je l'avais bien prévu : les siècles ont marché,
Creusant l'étroit sillon autrefois ébauché.
Lentement le progrès jour par jour s'élabore,
Quelque rayon de plus éclaire chaque aurore,
Et l'homme, sans faiblir, cherche son idéal
A travers la douleur, le désordre et le mal.

ARISTOPHANE

(Toujours caché et regardant Molière.)

Voilà, par Jupiter, un étrange utopiste !
Il poursuit, comme moi, l'âme humaine à la piste ;
Mais nos conclusions sont loin d'être d'accord,
Et je vais en deux mots lui prouver qu'il a tort.

(Il s'approche de Molière.)

Excusez. Le motif est grave qui m'amène.
Vous êtes, je suppose, un citoyen d'Athène ?

MOLIÈRE, *devenant railleur.*

D'Athène ? Citoyen ? Non, monsieur, je suis mort !

ARISTOPHANE, *éclatant de rire.*

Mort ! Voilà qui va bien ! Mort ? Quel étrange sort !
Mort, vraiment ? Mais alors, permettez-moi, de grâce....
                    (*Il fait mine d'embrasser Molière.*)

MOLIÈRE, *même jeu.*

Ah ! pour l'amour du Grec souffrez qu'on vous embrasse !
Mais vous-même peut-on savoir....

ARISTOPHANE, *mettant un doigt sur sa bouche.*

                              Parlez plus bas !
Du temps où je vivais, plusieurs ne m'aimaient pas.
Et mon nom est resté redoutable au profane.
Je suis Celui qui rit de tout.

MOLIÈRE, *avec respect.*

                              Aristophane ?

ARISTOPHANE

Tu l'as dit. A ton tour de m'apprendre ton nom.
Es-tu Cratès ? Amipsias ? Ménandre ?

MOLIÈRE

                              Non !
Ne cherche pas si loin, ô mon illustre ancêtre.
Bien que je sois des tiens, tu ne peux me connaître.
J'ai, longtemps après toi, suivi le même but,
Et pressé sous mes doigts les cordes de ton luth.
Si bien qu'ont résonné dans un accord unique
Le franc rire gaulois et le vieux rire attique !
Va, tous deux nous pouvons, malgré plus d'un affront,

Discourir haut et ferme et relever le front;
Car de notre ironie a jailli la lumière,
Toi, grand Aristophane, et moi, pauvre Molière!

ARISTOPHANE

J'entends! Tu fus sans doute un censeur comme moi,
Flagellant tour à tour les dieux, l'homme et la loi?
Mais, dis-moi, vivais-tu dans Athène ou Mégare?
Hors l'Hellade, la terre en tous lieux est barbare.
Guerroyait-on encor de ton temps?

MOLIÈRE

Hélas! oui.

ARISTOPHANE

Quoi? Le spectre fatal n'est point évanoui?
Et le sang pur d'Hellé, le sang des blonds éphèbes,
Sous le fer dorien rougit encor nos glèbes?
Athène aux bras puissants contre Sparte aux seins durs
Lutte pour agrandir jusqu'à la mer ses murs?

MOLIÈRE

Il est vrai que la Paix, vierge auguste et féconde,
N'a pas encore ouvert ses ailes sur le monde,
Mais il ne s'agit pas d'Athène par ici,
Et Sparte est, je le crains, notre dernier souci.
La ville aux dômes blancs qui devant nous s'étale,
C'est Paris, une noble et vaste capitale,
Où l'homme libre et fier compte pour ce qu'il vaut,
Où dans des temples neufs s'érige un art nouveau.
Tu t'es trompé de route, ô chantre de Phalère!

SCÈNE III

ARISTOPHANE *(étendant le bras)*.

Quoi! ce mont que le soir teint d'une ombre légère,
Ce n'est point le Parnès?

MOLIÈRE

Non! Montmartre.

ARISTOPHANE

Tu dis?

MOLIÈRE *(avec une emphase comique)*.

Montmartre, le cerveau du monde et de Paris!
Autrefois ce n'était qu'une butte lointaine
Où les amants furtifs ascendaient avec peine.
Des couples maintenant y vont encor, dit-on,
Mais ce n'est plus pour fuir la trique ou le bâton;
Et si quelques Arnolphe ont toujours les mains rudes,
Les Agnès ont perdu le souci d'être prudes,
Et font ouvertement ce qu'au temps du Grand Roi
Leurs aïeules faisaient en plus modeste arroi.

ARISTOPHANE

Conte-moi tout cela. C'est drôle.
              (Ils s'asseyent à côté l'un de l'autre)

MOLIÈRE

              Donc écoute.
Aussi bien dans mon cœur sommeille quelque doute.
Certes, l'homme actuel me parait assagi,
Et j'ai l'orgueil d'avoir sur sa raison agi.
Mais si je me trompais? Si mon œuvre était vaine?

Je voudrais posséder la science certaine.
Éclaire-moi, veux-tu?

ARISTOPHANE

Dis-moi ce que tu lis.

MOLIÈRE

Enfant, j'étudiai d'abord sans grands profits;
Les leçons des savants me cassaient les oreilles,
Et j'aimais mieux courir ou bayer aux corneilles
Que de me disputer avec le *De Viris*.
Nez au vent, œil au guet, je flânais dans Paris,
Heureux quand le hasard me permettait d'entendre
Quelque propos bourgeois bien inepte ou bien tendre,
Et dans les carrefours tout seul m'esbaudissant
Des mines d'une fille ou du dos d'un passant.
Le ridicule humain déjà chauffait ma bile;
A le saisir au vol je me sentais habile,
Puis longtemps j'en suivais les ondoiements divers.
Les reflets différents, blancs ou noirs, gris ou verts,
Papillons enfermés dans un filet de gaze
Que j'avais attrapés sans enfourcher Pégase.

ARISTOPHANE

Oh! oh! Ce bon Pégase! Il doit être poussif
Depuis qu'à l'Hélicon....

MOLIÈRE

Il est surtout poncif.
Mais le peuple est clément à celui qui l'amuse.
Pour moi, ce fut à pied que je menai ma muse;

Je la fis voyager par les chemins poudreux,
De Lyon à Pézenas et de Paris à Dreux.
Partout où je trouvais un hangar, une grange,
Je m'y campais avec la Béjard et Lagrange,
Et j'essayais devant les rustres étonnés
De mêler la morale avec le pied de nez,
De joindre hardiment la farce et la satire,
Et de faire éclater les pleurs avec le rire.
Chose étrange! ce fut par ces simples esprits
Que je me sentis mieux et plus souvent compris.
Le paysan de France a l'âme juste et bonne;
Il vibre tout autant que les gens de Sorbonne,
Quand on sait à propos frapper le pur cristal
De son bon sens pétri du clair soleil natal.
A Paris, à la Cour, ce fut plus difficile;
Il me fallut changer vingt fois de domicile,
Et transformer vingt fois ma perruque et mon tic
Avant que de forcer la faveur du public;
Jusqu'au jour où le Roi, m'ayant trouvé très drôle,
Daigna me confier les honneurs d'un grand rôle.
Ce fut l'aube de gloire en mes destins changeants.
Dès lors je pus sans peur braver les sottes gens,
Rire au nez des maris et persifler les belles
Qui pensaient avoir pris les Grâces pour modèles.
Je fixais chaque jour quelque travers nouveau;
Tour à tour je me fis vrai marquis, faux dévot,
Vieillard brûlant d'amour, Don Juan, Misanthrope,
Médecin qu'un hoquet fait tomber en syncope.
J'incarnais mes héros dans un être réel,
J'étais le Bouc chargé des péchés d'Israël,

Et j'entendais les gens s'écrier : « Le pauvre homme! »
Alors que c'était eux que je raillais, en somme,
Mais ça m'était égal; mon but était plus haut
Que le plaisir d'un prince ou l'émoi d'un badaud.
J'aimais l'Humanité d'une immense tendresse,
Comme un amant jaloux adore sa maîtresse;
Je l'aimais tout entière et malgré ses défauts,
Malgré ses lèvres de mensonge et ses yeux faux;
Je l'aimais par pitié, par angoisse, par crainte.
Oh! oui! je l'aimais bien, cette Humanité sainte!...

ARISTOPHANE

Ja la crois plutôt vile, entre nous; mais ton cas
Me paraît curieux, survivant au trépas.
Pour moi, c'est en blasé que je reviens sur terre,
Je n'y puis découvrir ni trouble ni mystère,
Ni sentiment nouveau, ni vice ni vertu;
Vraiment le cœur humain est un sentier battu.
Tout ce que j'ai connu, je le revois encore :
S'il s'est fait un progrès dans l'homme, je l'ignore.
Mais les sociétés sont autant qu'autrefois
Soumises dans leur règne à d'amers désarrois.
La marche vers le Bien est aveugle, incertaine;
Aujourd'hui ton Paris ressemble à mon Athène,
Ce sont les mêmes mœurs que connut l'Agora;
Bien fin qui peut prévoir comment tout finira.

MOLIÈRE

En effet nul ne sait le devenir de l'homme.
Mais que d'efforts depuis qu'il a mangé la pomme!

Nieras-tu le chemin jusqu'ici parcouru?
Né trois siècles plus tôt, toi-même aurais-tu cru
Que ta patrie un jour parviendrait au pinacle?

ARISTOPHANE

Sur ce sujet douteux je m'en tiens à l'oracle.
S'il ne parle pas clair, du moins il ne ment point.
L'homme, éternel Sisyphe, atteint un certain point
Au bout duquel il butte et retourne en arrière,
Et souvent à ce choc tombe sur son derrière.
Voilà pourquoi, jalons de ce triste chemin,
Demain ressemble à hier, hier ressemble à demain.

MOLIÈRE

Mais à quoi sert dès lors l'humaine conscience,
L'énergie au combat, la belle impatience
Du triomphe? A quoi sert l'amour, même l'amour?

ARISTOPHANE

A rendre plus léger le poids lassant du jour.

MOLIÈRE

Non! Tant d'ardents désirs, tant de nobles pensées,
Tant d'efforts douloureux, tant de larmes versées
Doivent avoir un but qui se laisse saisir.

ARISTOPHANE

Le vrai but de la vie, ami, c'est le plaisir.
Le sage s'en contente et n'en cherche point d'autres.

MOLIÈRE

Tel n'est point le secret prévu des grands apôtres
Qu'un siècle glorieux inscrit à son fronton :
Nous avons eu Pascal et vous eûtes Platon.

ARISTOPHANE

Certe ! et plus tard encor d'autres viendront sans doute
Qui de leur fier génie éclaireront la route ;
Et les oiseaux obscurs, chats-huants ou corbeaux,
D'un coup d'aile en passant éteindront ces flambeaux !

MOLIÈRE

Ainsi tu n'as point foi dans les idéologues ?

ARISTOPHANE

J'ai tantôt entendu hurler des démagogues !

MOLIÈRE

Par la fraternité les peuples ont grandi.

ARISTOPHANE

Oui, mais le sens commun s'est partout engourdi.

MOLIÈRE

On voit moins d'imposteurs ; la parole est plus franche.

ARISTOPHANE

Et le nombre des sots multiplie en revanche.

MOLIÈRE

Un seul Dieu véritable a remplacé tes dieux.

ARISTOPHANE

Eh! quand ils étaient faux, on les adorait mieux!

MOLIÈRE

Tu crois donc de vertu les âmes dénuées?

ARISTOPHANE

Oui, je le crois. Adieu. Je vais dans les Nuées
Où flottent les esprits des plantes et des eaux.
Là s'irise l'éther et planent les oiseaux;
Légères elles sont, impalpables et douces,
Et mon Éternité s'y fondra sans secousses.

(Il sort.)

SCÈNE IV

MOLIÈRE

Il disparaît, laissant le doute en mes esprits.
Ah! Molière! valet du Roi! bien t'en a pris
De vouloir te survivre et contempler ton œuvre!
Qu'est donc l'Humanité, génie errant ou pieuvre,
Pieuvre que l'Océan rejette chaque jour,
Ou génie en chemin pour l'éternel amour?
Oui, celui-là fut grand, celui-là seul est sage,
Qui sait rire de tout sans chercher davantage
Et chante autour de soi comme un merle joyeux
Sifflant l'obscur destin sous la clarté des cieux!
Grand naïf que tu fus, rêveur, amateur d'âmes,
Tu croyais réformer le monde avec tes blâmes,

En pétrir un meilleur, tout neuf, à ta façon ;
Mais ce Grec aujourd'hui te donne une leçon !
Allons ! Rentre au néant et laisse là ton rêve.
Aussi bien, comme lui, ce jour triste s'achève ;
Paris est dans la brume, hélas ! comme ton cœur,
Et la lumière sombre, et le mal est vainqueur !

(Il reste quelques minutes pensif.)

SCÈNE V

MOLIÈRE, L'HUMANITÉ.

L'HUMANITÉ

(Elle apparaît dans une lumière qui, à mesure qu'elle parle et se rapproche, devient plus intense.)

Non, la pure lumière,
Que créa ton génie,
    Molière
Ne s'est jamais ternie.

Toujours elle rayonne,
Et d'une aube nouvelle
    Couronne
Ta jeunesse immortelle.

Au loin elle projette
Ses fulgurantes flammes,
    Et jette
A tes genoux les âmes.

Partout où la pensée
Traine le mal de vivre,
      Lassée,
Elle aspire à te suivre.

Sous le fouet de ta verve
Le lutteur se redresse
      Qu'énerve
La menteuse tendresse.

Au miroir de ton rire
Ève encore ingénue
      Se mire
Et rit de se voir nue.

Chasse à jamais le doute.
Ténébreuse hantise,
      Écoute
La voix qui prophétise :

Le passé reste sombre,
Le présent est encore
      Plein d'ombre ;
Mais regarde à l'aurore :

L'avenir y flamboie,
Le genre humain y fête
      La joie
De ton œuvre parfaite.

Garde ta foi suprême,
Ta belle humeur charmée.
Je t'aime
Comme tu m'as aimée.

(L'Humanité, souriante, s'approche de Molière qui lui tend les bras.)

MOLIÈRE

O toi, qui donc es-tu, Splendeur et Vérité?

L'HUMANITÉ

Molière, ô mon amant, je suis l'Humanité!

(Elle baise Molière sur le front.)

51569. — Imprimerie Lahure, 9, rue de Fleurus, à Paris.